Bibliothèque d'Études Syndicalistes

Paul DELESALLE
Ex-Secrétaire-Adjoint
DE LA C. G. T.

Le Mouvement Syndicaliste

LA PUBLICATION SOCIALE
46, rue Monsieur-le-Prince, 46
PARIS

Paul DELESALLE

LE

Mouvement Syndicaliste

LA PUBLICATION SOCIALE
16, Rue Monsieur-le-Prince, 16
PARIS

Le Mouvement Syndicaliste

« Nous avons le droit d'être satisfaits de l'œuvre accomplie. La Confédération Générale du Travail, en répondant aux multiples nécessités des luttes ouvrières, a affirmé victorieusement la souplesse de son organisation, les militants syndicalistes ont donné la preuve, en ces diverses circonstances, de leur esprit de décision.

« Certes, les grands conflits sociaux ont une portée éducative considérable; précisant la situation des classes, ils grandissent et fortifient la conscience des travailleurs.

« Mais cependant ils ne doivent, ni ne peuvent, nous faire oublier la besogne plus terre-à-terre, mais aussi urgente, que réclament les désirs et les aspirations des masses ouvrières. Le rôle de la C. G. T. est de synthétiser ces désirs dans un programme commun à toutes les organisations confédérées et de mener l'action pour sa réalisation. « JOUHAUX ».

Nous vivons à une époque où tout est à l'Association, au Syndicat. Cela est un fait. Les travailleurs se syndiquent, mais les employeurs, les patrons se sont aussi syndiqués.

Les paysans eux-mêmes, jusqu'alors si individualistes, se sont syndiqués à leur tour. C'est en commun qu'ils achètent aujourd'hui, dans de nombreux villages, les semences, les engrais, voire même qu'ils possèdent certaines machines agricoles trop coûteuses pour un seul. Qu'ils y trouvent des avantages appréciables, cela est incontestable.

Mais les travailleurs, ceux qui pour vivre, eux et les leurs, sont obligés de vendre leur force-travail pour un salaire, ont-ils intérêt à se syndiquer?

Poser la question, c'est, semble-t-il, y répondre.

Et cependant la Révolution de 1789, pour sauvegarder la liberté des individus, n'avait-elle pas aboli les corporations qui avaient tant de similitudes avec nos modernes syndicats; mais, il faut bien le dire, dans ses grandes lignes seulement.

La corporation était un organisme « fermé ». Il fallait, pour y être admis, avoir été apprenti, avoir accompli « un chef-d'œuvre » pour être reçu compagnon d'abord; enfin, les *maîtres* ou patrons en avaient la plupart du temps la haute direction. Organisation fermée, la corporation jouissait de privilèges, voire d'un véritable monopole, et, partant, des abus en avaient résulté. Ce sont ces abus, souvent tyranniques, il faut bien le reconnaître, que la Révolution avait entendu détruire.

Mais le régime individualiste proclamé par la Révolution ne tarda pas à produire des abus non moins violents. L'industrialisation, produit du développement du machinisme, l'intensivité de la production ne tardèrent pas à faire naître la grande usine, inconnue jusqu'alors, et à engendrer de la part des grands industriels des abus pis que ceux reprochés aux corporations de jadis.

Il n'y eut plus alors aucun frein à l'avidité des gros employeurs. Aussi les conditions de la production étant devenues tout autres qu'avant la Révolution, les rapports entre employeurs et producteurs se modifièrent inévitablement.

D'autre part, la concentration du machinisme entraînant avec elle la création de formidables entreprises industrielles, inconnues jusqu'alors, ne tardèrent pas à faire que la liberté de l'offre et de la demande ne devînt rapidement un vain mot.

Forcés d'accepter les conditions offertes par les employeurs ou de mourir de faim, cette liberté, proclamée par la Révolution, n'exista plus; c'est alors qu'à la force des pouvoirs d'argent, les travailleurs songèrent à opposer la force de leur nombre.

Les sociétés de résistance apparurent, les syndicats se créèrent.

D'abord, le pouvoir central, l'Etat, essaya bien de résister, d'interdire ce qu'il appelait alors les « coalitions de travailleurs » ; mais les abus scandaleux du capitalisme lui-même ne tardèrent pas à obliger l'Etat à permettre aux travailleurs ces « coalitions » qu'il avait un moment essayé d'interdire.

Les travailleurs avaient espéré la liberté pure et simple, mais l'Etat, qui prétend tout réglementer, s'y refusa et, sous prétexte d'accorder aux travailleurs un droit qu'en fait ils avaient déjà conquis et imposé, les législateurs, eux, imposèrent au monde du travail la loi sur les syndicats qui, depuis 1884, régit ces groupements.

Depuis la loi, et non du fait de la loi comme certains l'ont prétendu, les syndicats se sont développés, leur nombre s'est accru dans des proportions imposantes, leur force et leur puissance est, dès à présent, formidable.

En moins de trente années, le mouvement syndicaliste est devenu la plus grande force avec laquelle l'Etat eut à compter. Non seulement les travailleurs de l'industrie privée se sont syndiqués, mais les salariés de l'Etat eux aussi entendent résister à la pieuvre anonyme qui les exploite.

Mais comme tout grand mouvement humain, le mouvement syndicaliste a une vie complexe et il semble à certains observateurs superficiels qu'il a déjà connu son apogée.

C'est contre cette grave erreur que nous tenons à nous élever, ici, en démontrant, chiffres, faits et documents en mains, que le mouvement syndicaliste ouvrier n'a jamais été aussi fort, aussi puissant qu'à présent.

*
* *

Prenant donc leurs désirs pour des réalités, certains croient et essaient surtout de faire croire à une décroissance du mouvement syndicaliste. Parce que la *Confédération Générale du Travail* s'est adonnée plus spécialement, en ces derniers temps, à une besogne d'organisation interne — tout en ne négligeant pas l'action et l'agitation quotidienne, comme on le verra d'autre part — d'autres pensent de bonne foi, que son influence a diminué.

Quelle grave erreur et combien la réalité est tout autre. Jamais au contraire — si ce n'est au moment tout spécial de l'agitation entreprise aux environs du 1er Mai 1906 — son action n'a été aussi féconde.

Au début de son rapport, présenté à l'approbation du Congrès confédéral qui s'est tenu ces temps derniers au Havre, Jouhaux pouvait dire avec juste raison :

« Que d'événements au cours de ces deux dernières années qui nécessitèrent l'intervention confédérale ! Pour remplir son rôle de défense ouvrière, la Confédération Générale du Travail eut à intervenir dans tous les cas. Qu'il s'agisse des droits ouvriers, comme ce fut le cas pour l'application des lois scélérates en matière syndicale ; que ce soit au contraire pour la défense du droit à la vie, dans la lutte contre la « cherté des vivres » ; que ce soit enfin, au nom des grands principes d'humanité et d'internationalisme, dans la protestation contre toute possibilité de guerre.

« En toutes ces circonstances critiques, la C. G. T. fit son devoir, malgré les coups du pouvoir et les calomnies de ses ennemis.

« Vigilant, toujours davantage, le Comité confédéral sut être à la hauteur des situations.

« Sans abandonner aucun des membres de la grande famille ouvrière frappés par la vindicte bourgeoise, le Comité satisfit à toutes les exigences croissantes et complexes du mouvement ouvrier ».

Et Jouhaux énumérait et détaillait ce que fut l'agitation formidable depuis la tenue, à Toulouse, en 1910, du précédent Congrès de la C. G. T.

L'un des éléments et non des moindres de la nouvelle force de la C. G. T., a été de s'être débarrassé à jamais du boulet *réformiste*, contre lequel elle eut à lutter pendant plusieurs années.

Là est en partie le secret de sa force et de sa nouvelle puissance.

Les Briat, les Treich — cet insulteur permanent de Pelloutier — de toutes sortes, toute la bande qu'avec Griffuelhes et quelques militants prévoyants nous avions tenu en échec dès 1900, au moment où le Millerandisme fut un réel danger pour le syndicalisme, s'est évadée vers de grasses sinécures.

Aujourd'hui, le syndicalisme s'est définitivement affranchi, le danger est passé, ce que l'on avait désigné sous le nom de syndicalisme réformiste (1) est à jamais vaincu, il n'a plus que quelques rares représentants, presque honteux, au sein des divers Comités confédéraux.

Du reste, non seulement, les représentants du réformisme s'en sont allés mais leur prétendue théorie, toutes leurs tentatives ont lamentablement échoué.

Finis les « Conseils du travail départementaux » et autres, et le mieux que l'on puisse en dire est que le fameux « Conseil supérieur du travail » laisse indifférent la classe ouvrière qui s'est vite rendu compte que son rôle ne pouvait être que néfaste à tous les points de vue.

Quant aux Conseils permanents d'arbitrage, ils n'ont jamais fonctionné. Jaurès et son piteux échec, lors de l'arbitrage du Creusot, se traduisant par la disparition du syndicat et de toute action revendicatrice dans cette cité si profondément industrielle et, hier encore, la façon dont les marins marseillais ont été roulés après soixante jours de grève ont à jamais convaincu la classe ouvrière de son inanité.

Quant aux fameuses « participations aux bénéfices », ce trompe-nigauds non moins réformiste, non seulement sa faillite ne s'est pas fait attendre, mais ceux-là même qui en avait accepté l'application sont vite revenus de leur duperie.

Au reste, si quelqu'un en doutait encore, voici un exemple que nous lui signalons :

« En Angleterre, sir Christopher Furness avait intéressé les onze cents ouvriers de ses chantiers de constructions navales d'Hartlepool dans les bénéfices de ces établissements en leur cédant à tempérament, il y a un an, des actions de l'entreprise.

« De la sorte, chacun d'eux était devenu, par un prélèvement de 5 0/0 sur les salaires, propriétaire d'une action de 250 francs.

« En décembre dernier, les ouvriers touchaient un dividende de 9 0/0 pour les neuf premiers mois.

« Mais le danger de cette méthode leur est apparu par l'expérience même qu'ils en faisaient.

« En effet, ils ne chômaient pas moins, au contraire, puisque la participation aux bénéfices les entraînait à surproduire. Au surplus, l'argent qui leur était retenu, et dont ils

---

(1) Les effectifs des Fédérations étiquetées jadis réformistes sont plutôt en décroissance.

n'avaient pas la libre disposition pendant la cessation du travail, ils ont préféré pouvoir le garder par devers eux pour s'en servir quand ils ne travailleraient pas.

« Préférant rester des salariés, au lieu d'être des « actionnaires » s'exploitant eux-mêmes et pour le plus grand profit du patron, lequel restait détenteur du moyen de production : l'usine ; ils ont voté, par cent six voix de majorité, la cessation de leur participation aux bénéfices. » (1)

Tout commentaire, pensons-nous, serait superflu. Le réformisme a, aujourd'hui, fait faillite à tous les points de vue ; le syndicalisme, qui est débarrassé définitivement de ce boulet, en a, de ce fait, acquis une plus grande force.

Le réformisme syndicaliste ayant fait faillite, l'action révolutionnaire de la C. G. T. s'en est accrue d'autant. La lutte sous tous ses aspects contre le patronat a, de fait, été plus intense que jamais.

Indépendamment des grandes campagnes de propagande que nous rappelons d'autre part, la lutte journalière à laquelle le prolétariat ne saurait se soustraire, sous peine soit de perdre ce qu'il a antérieurement acquis, soit à ne plus aller de l'avant, ce qui équivaudrait pour lui à un recul, n'a jamais cessé.

---

(1) Les travailleurs ne mordront pas plus aux espérances que leur fit jadis entrevoir le Garde des Sceaux et des prés de Saint-Nazaire, Briand, et ses « actions de travail » avec lesquelles il espérait, lui aussi, museler la classe ouvrière pour le plus grand profit de ses nouveaux amis les financiers.

> « *La seule arme efficace que le prolétariat ait à l'heure actuelle à sa disposition pour lutter contre le capitalisme, c'est la grève. la grève sous toutes ses formes, la grève égoïste et corporative comme la grève de solidarité. Et qu'est-ce qui fait la force de la grève ? Sa soudaineté qui frappe l'imagination des foules, surprend et déroute les patrons, et sa durée qui décide souvent de la victoire.* « Aristide Briand ».

L'un des aspects de cette lutte où la C. G. T. a plus spécialement une action prépondérante est sans contredit, celle des grèves, ces « grandes manœuvres » répétées de la classe ouvrière, toujours plus inévitables, l'augmentation incessante du coût de la vie et les manœuvres d'hostilité patronale ont donc fait surgir de nombreux conflits.

Tantôt ce sont des grèves pour l'augmentation des salaires, tantôt pour la diminution des heures de travail, tantôt pour la réintégration d'ouvriers ou le renvoi de contremaîtres trop arbitraires dans l'exercice de leurs fonctions.

Fait à signaler, la proportion des grèves de solidarité et de défense de la dignité ouvrière est en croissance. Cela montre que la besogne d'éducation faite par les militants syndicalistes, dans les masses ouvrières, porte ses fruits. C'est un encouragement à persévérer et à accentuer en ce sens notre propagande. Plus les ouvriers seront éduqués, plus ils seront conscients, plus ils deviendront jaloux de leur dignité, exigeants dans la satisfaction de leurs besoins, mieux ils seront armés pour les luttes à venir.

Le nombre des grèves offensives ou défensives, soutenues par les organisations syndicales, s'élève, d'après les renseignements qui nous sont parvenus ou que nous avons pu obtenir :

Pour la période juin 1910 à janvier 1912, à 634 grèves, dont 117 ont abouti à des réussites totales, 247 à des réussites partielles et 270 à des échecs ;

Pour l'année 1911, à 1.443 grèves, dont 267 se terminèrent

par une réussite complète, 563 par une réussite partielle et 613 par un échec ;

Pour la période janvier 1912 à avril 1912, à 263 grèves, dont 51 se terminaient par une victoire complète, 80 par une réussite partielle et 114 par un échec. (1)

Parmi ces grèves, il en est qui, par leur importance, leur étendue ou l'état d'esprit nouveau qu'elles dénotent dans les masses syndiquées.

Ces chiffres, pris sur un espace de deux années, montrent plus éloquemment que toutes les dissertations possibles, combien l'action de la Confédération va toujours en augmentant.

Mais si les grèves, avec les enseignements multiples qu'elles comportent, restent pour nous le meilleur de la lutte syndicale, il ne s'ensuit pas qu'elles sont tout le syndicalisme.

L'organisation des forces ouvrières n'est pas moins importante. Opposer au patronat des effectifs puissants, pouvant imposer leurs volontés, c'est le but non moins immédiat que poursuit le syndicalisme et la C. G. T. en particulier.

Comme je l'ai rappelé au début de cette étude, c'est à une besogne d'organisation interne que s'est plus spécialement adonnée la Confédération en ces derniers temps.

Quelques chiffres, ici encore, ne seront pas inutiles et confirmeront, plus qu'amplement, les faits que nous avançons :

En 1902, le nombre des Syndicats adhérents à la C. G. T. est de 1.403.

Il est de	1.220	Syndicats	en 1903.
—	1.792	—	en 1904.
—	2.399	—	en 1906.
—	2.581	—	en 1908.
—	3.012	—	en 1910.
—	2.837	—	en 1912.

(1) Les réussites partielles ou transactions apportant aux travailleurs des améliorations, la grève même alors reste pour eux l'arme la plus efficace. De plus, en les habituant à la lutte, elle développe en eux les sentiments socialistes, la haine de l'exploiteur et les habitue à la solidarité.

Le nombre des Syndicats confédérés est en croissance jusqu'en 1910, par là s'affirme l'activité des différentes fédérations et la puissance sans cesse grandissante de la C. G. T.

Si les chiffres de 1910-1912 restent sensiblement les mêmes, il ne faudrait pas en conclure que le mouvement syndical reste stationnaire ou est en décroissance. Les cartes et timbres confédéraux délivrés pendant cet exercice de deux années, en tenant compte des cotisations non payées par suite de grèves, lock-out, etc., et du refus de certaines Fédérations de payer pour le nombre exact de leurs adhérents. permettent de déclarer que l'effectif réel de la Confédération Générale du Travail est au minimum de 600.000 membres. En 1904, la C. G. T. n'avait que 200.000 cotisants et environ 300.000 confédérés ; aujourd'hui, le nombre des cotisants dépasse 400.000 ; elle a donc doublé son effectif au cours de ces huit dernières années, cela malgré la répression gouvernementale.

La non augmentation du nombre des syndicats en 1912 est la résultante des nombreuses fusions syndicales qui se sont opérées dans certaines localités (1).

L'organisation par industrie n'est pas restée le fait des seules Fédérations nationales; les Syndicats sont, à leur tour, également entrés dans cette voie.

Si, d'autre part, nous envisageons l'organisation syndicale sous l'aspect de ces Fédérations de métier et d'industrie, nous voyons que leur nombre, qui était de 57 unités en 1910, est tombé à 53 en 1912 (2), mais cela provient uniquement des fusions qui avaient été décidées par le Congrès de

---

(1) Il y a une tendance générale à la création de « syndicats *d'industrie* » remplaçant les « syndicats de métier ». Cette nouvelle tendance a amené dans plusieurs corporations, et notamment dans le bâtiment et la métallurgie, des fusions en un syndicat d'industrie de plusieurs syndicats de métiers, de la diminution numérique du nombre des syndicats plus qu'amplement compensée par le nombre total des syndiqués confédérés.

Pour ma part, je crois qu'une trop grande centralisation, c'est-à-dire la création de seuls syndicats d'industrie, serait une erreur ; j'ai, du reste, l'intime conviction que l'on ne tardera pas à s'en apercevoir.

(2) Les mêmes faits se sont produits en Allemagne. Tandis qu'en 1906, il y avait 66 Unions centrales, leur nombre n'est que de 57 en 1909 et de 53 en 1912.

Toulouse, ou de celles qui, librement, se sont réalisées depuis cette époque :

Fédération des Agricoles du Nord, fondue à la date du 1er janvier 1911 dans celle des Horticoles; Fédération des Chauffeurs-Conducteurs-Electriciens, rentrée aux Métaux, par décision de son Congrès de Caudry, septembre 1910; Fédération des Mécaniciens de France, incorporée aux Métaux, à la date du 1er janvier 1911, par suite de la décision du Congrès de Toulouse; Fédération des Pelletiers-Fourreurs, fusionnée avec les Cuirs et Peaux (1911).

Ainsi, pas d'erreur possible, si l'on considère le nombre des ouvriers syndiqués, confédérés — et cela importe par dessus tout — nous avons vu plus haut qu'en l'espace de huit années et avec un progrès marquant en ces dernières années, l'effectif confédéral avait doublé.

Au point de vue financier, jamais la situation n'a été plus florissante. Du 1er juillet 1910 au 30 juin 1912, les divers services de la C. G. T. ont eu à leur disposition un budget de 158.964 fr. 75, provenant, pour la plus grande partie, des seules cotisations des Fédérations de Métier et des Unions de Syndicats et Bourses du Travail.

Le journal *La Voix du Peuple*, qui a son budget propre, a nécessité un fond de roulement de 50.273 francs pour les deux années de l'exercice 1910-1912. (1)

D'un examen approfondi de la situation, il résulte de la façon la plus indiscutable, que celle-ci est en progression constante, aussi bien au point de vue matériel que moral.

Au point de vue de l'action, jamais l'activité confédérale ne s'est ralentie et n'a été aussi intense. Qu'il nous suffise de rappeler les campagnes de propagande pour *les retraites ouvrières*, ramenées pour les bénéficiaires à soixante ans au lieu de soixante-cinq, primitivement fixés, sans compter quelques petites modifications de détail, non sans portée ni sans valeur pour les intéressés.

L'agitation *contre la guerre* avec manifestations simultanées à Paris, Berlin et Barcelone montrèrent aux gouvernants que les peuples n'étaient aucunement disposés à une

(1) L'exercice Confédéral se compte d'un Congrès à l'autre. Ceux-ci ont lieu tous les deux ans.

guerre fratricide pour le plus grand profit de quelques sociétés financières.

L'agitation *contre la vie chère* força le gouvernement à faire comprendre aux affameurs qu'il y a une limite à la spéculation. Quelques militants payèrent malheureusement de plusieurs mois de liberté le courage d'avoir dit tout haut ce que tous les exploités pensent.

Les campagnes en faveur de la *diminution du temps de travail et l'application de la semaine anglaise.* Enfin, la campagne contre les *lois scélérates* sont trop encore à l'ordre du jour pour qu'il soit nécessaire de les rappeler plus longuement.

A la « section des Bourses » de la Confédération, l'activité n'a pas été moindre. Qu'il s'agisse du *subventionnisme* qui tend peu à peu à disparaître, du *coopératisme*, des *écoles syndicalistes,* du service si complexe du *viaticum* et des secours divers aux sans-travail ; ici encore l'on peut dire que la C. G. T. a été à la hauteur de sa mission.

Les mois de prison de ses militants attestent aussi la crainte qu'ont les gouvernants de son action. Donc, augmentation partout, aussi bien dans les effectifs qu'au point de vue financier. Telle apparaît la situation de la C. G. T.

Les critiques pourraient-ils en dire autant de leurs ligues, partis ou sectes ?

> *« Le Gouvernement de défense républicaine s'efforce de détruire le mouvement syndical socialiste, aux applaudissements des nouveaux socialistes. L'avenir des classes ouvrières est entre les mains des syndiqués : qu'ils réfléchissent mûrement à la grande responsabilité qui pèse sur eux.* « Georges Sorel ».

> *« Tout l'avenir du socialisme réside dans le développement autonome des syndicats ouvriers.*
> « Georges Sorel ».

Comme on vient de le voir, le mouvement syndicaliste et son organisme central, la Confédération Générale du Travail, sont en progression, les effectifs n'ont pas cessé d'aller en augmentant, la situation financière n'a jamais été aussi solide et aussi stable ; au point de vue moral, jamais le patronat et l'Etat bourgeois n'ont autant redouté son action. (1)

Jamais, pouvons-nous ajouter, son influence n'a été plus profonde auprès des masses exploitées.

Restent les seules critiques de certains socialistes. L'on se rappelle encore l'intervention déplorable et quelque peu saugrenue de Compère-Morel, flanqué de son compère en guesdisme Guesquière, osant tenter une charge à fond de train contre la classe ouvrière, devant un Parlement bourgeois, uniquement dans le but mal déguisé d'essayer — sans y parvenir du reste — de se concilier cette partie de la petite bourgeoisie qui forme le fond de la clientèle électorale.

Et si cela se conçoit difficilement, il est du moins facile d'en expliquer les raisons.

Incontestablement, les modes d'action, les grèves, le sabotage, l'action directe, tout ce qui a justement fait la force, la nouveauté, et ce qui a été l'essence du mouvement syndicaliste, toute cette action réellement, positivement révo-

---

(1) La récente dissolution des Syndicats d'Instituteurs qui se reformeront autrement, l'on peut en être persuadé, en est une nouvelle preuve.

lutionnaire, ne peut que gêner le Parti socialiste, Parti électoral avant d'être un Parti de classe dans la conquête de cette classe moyenne, de cette petite bourgeoisie qu'il aspire à conquérir.

En réalité, et en nous plaçant à ce point de vue, il est exact de dire que le mouvement syndicaliste avec les modes d'action que nous venons de voir, et qui lui sont propres, gêne et gênera longtemps le Parti socialiste dans son expansion. Mais, disons-le bien haut, la classe ouvrière économiquement organisée, les serfs de l'usine et de l'atelier, tous les exploités en un mot, n'ont pas et n'ont, du reste, aucun intérêt à s'en préoccuper.

De là, cette tension perpétuelle, cette haine inavouée du socialisme électoral pour la C. G. T. et son action bien propre à lui nuire, nous le reconnaissons, auprès des électeurs petits bourgeois.

C'est justement ce dont Gustave Hervé n'a pas su se rendre compte. Dans son désir d'unité, dans ce qu'il a appelé « le désarmement des haines », Hervé n'a pas su comprendre d'où provient l'antinomie fatale qui fait que Parti socialiste, d'une part, et C. G. T., de l'autre, sont voués, par la force des choses, par la vie elle-même, à ne pouvoir s'accorder, voire à être dans la fatale nécessité parfois de se combattre.

Mais n'est-ce pas justement cela qui est la vie, l'action, et il est curieux de voir que Gustave Hervé, qui fait montre souvent d'une certaine psychologie, n'ai pas su voir et comprendre cela. La vérité, c'est qu'Hervé n'est pas, n'a jamais été un ouvrier, un prolétaire, — un manuel comme il dit non sans quelque dédain, — et malgré son beau courage moral qu'aucun de ses critiques n'a jamais songé à contester; il rêve, lui aussi, surtout et avant tout, de conquérir ceux de sa classe, de la classe bourgeoise dont il est issu. Par là, son socialisme reste purement dogmatique, il n'a rien de foncièrement révolutionnaire.

Il croit encore — il l'a écrit lui-même — qu'il est possible de revenir à un socialisme blanquiste et quarante-huitard. Et alors qu'il avait un si beau rôle à remplir en appuyant de sa plume vigoureuse la C. G. T. et le mouvement syndicaliste dans son action, il a cru devoir la mettre, au contraire, au service du socialisme électoral. (1)

---

(1) C'est, à ce que m'ont affirmé des amis d'Hervé, la hantise du Coup d'État possible avec la complicité des Millerand et des Briand.

Et combien cela est profondément regrettable!

Mais C. G. T. et mouvement syndicaliste en ont bien vu d'autres. D'excellents militants, les meilleurs parmi eux, ont su voir le danger et n'ont pas hésité à y faire face résolument. A temps, ils ont su crier casse-cou. Le syndicalisme restera lui-même, cette fois encore, sans compromission d'aucune sorte, ce qui est la condition essentielle de sa vie, de son succès et de son développement. Du jour où il se rallierait aussi faiblement soit-il au socialisme politique et électoral c'en serait fait de lui.

Le syndicalisme, sous peine de disparaître, doit avoir sa vie propre, sans compromission d'aucune sorte (1), du jour ou ses militants croiraient ou laisseraient faire, qu'il en soit autrement, c'en serait fait du mouvement syndicalisme lui-même.

Mais ceux qui sentent peser sur eux le joug du salariat, les exploités de l'usine et du chantier, qui aspirent et veulent fortement une existence différente, ne permettront pas, eux non plus, que le syndicalisme dans lequel ils ont mis leurs espoirs d'affranchissement, soit détourné de son but.

La Révolution, celle qui affranchira définitivement du joug du salariat tous les exploités, est en marche. La vigueur et le développement constant du mouvement syndicaliste l'attestent.

---

qui lui fait exécuter ainsi machine en arrière avec tant de désinvolture. Qu'il se rassure : s'il y avait danger un jour, la classe ouvrière se retrouverait toute, non pour défendre notre caricature de République, mais pour tenter d'établir la Sociale, et cela serait autrement dangereux pour les réacteurs.

(1) Les flatteries néo-royalistes, à son égard, n'auront également aucune prise, l'on peut en être bien persuadé.

Nevers — Imp. Nouvelle l'Avenir (association ouvrière),
4, rue du Pont-Cizeau, et 1, rue du Rivage.

www.ingramcontent.com/pod-product-compliance
Lightning Source LLC
LaVergne TN
LVHW052036160826
845678LV00003B/1374

* 9 7 8 2 3 2 9 6 3 0 4 4 1 *